Pour Lou,
de la part de
so[illegible]e
[illegible]
Emmanuel

Liste des histoires à deux voix "histoires d'animaux"

— Quel manège !
— Oui ou non ?
— Hop-là !
— Trois petits lapins
— Le concert
— Au printemps
— Sur l'étang
— Le crabe
— Allô !
— Dans la galette...
— Flicfloc l'escargot

Distributed by D.P.C. Agency (Paris)

raconte-moi
des histoires d'animaux

Texte : Pascal Teulade
Illustration : Doris Lauer

MFG Éducation

Quel manège !

Papy Victor est monté sur

le

Et tonton ?

sur le gros

Mon frère est monté dans

l'

Et ma soeur ?

sur le

Ma maman est montée

sur l' . Et moi ?
moi je suis monté, hop-là
sur le de bois.
ET MAINTENANT EN AVANT !

Oui ou non?

- Non, dit le grognon.

- Non, non! disent les deux

- Non, non, non! disent les trois

et les trois .

- Non, non, non, non! disent les

quatre polissons.

Nous ne voulons pas être mangés.

Et que disent les cinq petits garçons?
Oui, oui, oui, oui, oui, vous avez raison!
NON

Hop-là !

Qui saute le plus haut ?

Le dit : « C'est moi ! »

« Non, moi » dit la .

Le miaule : « C'est moi ! »

« Non, moi » coasse le

Alors le grand rit :

« Regardez les petits... »

Et hop-là, il saute et retombe.

Devinez où ? Dans la boue !

Trois petits lapins

Au clair de la

Trois petits

Qui mangeaient des

Comme trois coquins,

La  à la bouche,

Le  à la main

Ils disaient :
« Mesdames, donnez-nous du vin tout plein ! »

Le concert

Prends ton

papa  Et vous, frères

installez-vous sur le  !

Lève ta  bien haut, tante

Et toi, oncle  prends

ta plus belle  ...

et en avant la musique !

Au printemps
Je veux des dit
le . Je veux du dit la
Je veux des dit l' .
Je veux de la dit l'
Je veux tout, même des dit
le petit !

« Et toi, Picou, que veux-tu? »

demande maman  . Et le

petit garçon répond: « Moi, je ne

veux rien du tout, bouh! »

Sur l'étang

Monsieur  trouve une dans l'étang.

Il monte dedans... avec Madame

bien sûr! Un saute d'une et dit : « Bonjour les amis! » Une et une

s'installent aussi. Tout d'un coup,

un gros du nom de Patapouf crie « Moi aussi, je veux monter dans le » Il monte et plouf ! tout le monde tombe à l'eau !

Le crabe

Juliette ramasse sur la plage un beau  , une  et même une petite  .

Juliette ramasse sur la plage une  rayée, des  un peu collantes, une  brillante et plein de 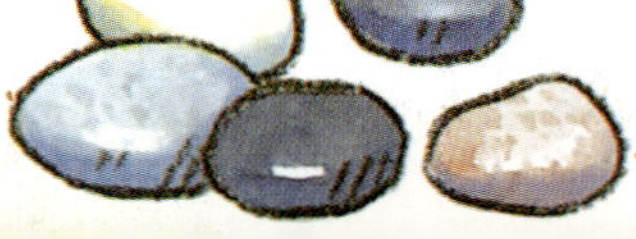 tout doux.

Puis Juliette range tout derrière

un . Un petit est là.

Elle lui dit :

« Ne dis à personne

où est ma cachette... »

Et le

très gentil répond :

« C'est promis, Juliette ! »

Allô !

- Allô ! ici c'est l' brun.

Il me faudrait un et

des : il fait si froid

dans ma !

- Allô ! ici c'est le .

Il me faudrait des et

des : il neige beaucoup

dans ma !

-Allô ! ici c'est le

Il me faudrait de la et

du : c'est l'hiver et j'ai faim.

-D'accord, d'accord, dit Melchior,

le directeur du , je vous

apporte tout ça

demain !

Dans la galette...
Mam'zelle a trouvé
la Elle met la
sur sa tête et elle déclare :
- Comme je choisis, heu...
- Moi, dit l' ! - Moi, dit le
- Non, non, moi, dit le !

Mam'zelle réfléchit et dit en riant : - Comme roi, je choisis le plus grand !

Flicfloc l'escargot
Pourquoi te caches-tu
sous les ? Que fais-tu
sous ce ? Pourquoi restes-tu
dans ta ? Qu'attends-tu
belle sous ce grand ?

Pourquoi as-tu un et des
jolie Margot? demande
Flicfloc, le petit

raconte-moi

Direction de collection : Brigitte Arnaud

Maquette de couverture : Alain Jacob

Dépôt légal : janvier 1995
Imprimé en CEE